AF610718

ADRESSE DES FRANCAIS

A LEURS MALHEŨREUX COMPATRIOTES ENCORE SOUS LE JOUG DE LA CONVENTION.

Londres ce 14 Juillet 1795.

L'anarchie a regné, et regne encore. ce monſtre a trainé apres lui dans des fleuves de Sang, la déſolation, la famine, et le deſeſpoir. L'heure du repentir a ſonné. français! vous qui ſerés toujours dignes de ce nom, ne fermez pas l'oreille à ces ſons conſolants qui vous annoncent, qui vous promettent le pardon du Ciel et de la terre; ouvrez vos Coeurs aux remords, ecoutez la Voix de vos Compatriotes, de vos vrais amis, de vos princes, de votre Roi qui vous apporte des paroles de conſolation et de paix; qui ne veut regner ſur vous, que pour faire finir les maux qui vous accablent, et pour vous rendre à votre bonheur et à votre gloire; ecoutez les accens de vos freres qui depuis Six Ans que vous ſouffrez des maux inouis de la plus attroce des revolutions, n'ont ceſſé de répandre des larmes ameres ſur vos Crimes et ſur votre miſere.

Peuple malheureux que nous cheriſſons encore tendrement, malgré tous les maux que tu nous a faits, tu peux fermer nos bleſſures cruelles en te rendant à la voix de la raiſon, du devoir, de la nature et de l'humanité; ne ſois point inexorable à nos prieres, à nos larmes, au Cri de la nèceſſité; laiſſe toi toucher à l'aſpect de tes propres malheurs, et conſidere avec nous le tableau de tes Crimes, pour apprendre à les déteſter, et pour redevenir ce que tu etais auparavant, le peuple le plus ſenſible, le plus aimable, et le plus heureux de la terre.

Confidere, malheureufe nation, ce que tu es devenue depuis que tu t'es foumife à fervir d'effay à tous les empiriques de la terre. O! ma belle patrie, je ne te vois nulle part; la Nature avoit tout fait pour toi; tu poffèdais la puiffance et la richeffe, les fciences, et les arts; fous ton Climat temperé, la terre prodiguait fes tréfors, et t'enrichiffait des productions les plus précieufes, la Mer etend encore fes bras immenfes autour de tes provinces fortunées, mais tes ports, ton fol, tes productions, ton induftrie, ton activité appellent en vain toutes les nations du monde, elles ne viennent plus, elles fuyent d'horreur devant toi et celles que l'aveuglement, ou plutot la Cupidité amene encore vers tes plages autrefois fi fortunées, reculent d'épouvante, et d'éffroy à l'afpect de ta pauvreté et de ta mifere; leurs vaiffeaux remportent fous tes yeux des fubfiftances dont tu manques totalement, ils ne les conduifent pas chez toy parcequ'ils font neutres ou tes alliés (ils ne font ni l'un ni l'autre) mais parceque leur avarice et leur Cupidité les appelle à aller t'enlever le refte de l'or et de l'argent dont tu as toi même dépouillé le trône et les autels,

La nature qui balance tout avec fageffe; en te donnant un Caractere impetueux et terrible, t'avait fait trois préfents ineftimables qui fervaient de concontrepoids à tes fureurs; ton roi, ton culte et tes refpectables préjugés. Ces hommes que tu appelles tes repréfentants t'ont privé de tous ces dons, plus forts que toi, plus forts que la nature, ils t'ont arraché à toi même, et t'ont rendu l'horreur de l'univers, regarde autour de toi, confidere l'état affreux auquel ils t'ont réduit.

Tu avais un Roi que le Ciel dans fa Clémence femblait avoir compofé exprés pour toi, et ils l'ont affaffiné! ils l'ont affaffiné, ce roi qui difoit à fes fideles Serviteurs qui lui offroient leur Sang et leurs bras : *ne vous occupez pas de moi, c'eft l'état, c'eft l'état furtout qu'il faut fauver.*

ſauver. ils l'ont aſſaſſiné, ce Roi qui diminua ſa maiſon, croyant gagner en amour ce qu'il perdoit en pouvoir; qui créa les adminiſtrations provinciales, pour que chacun y connut ſes droits, et y diſcutat les moyens d'être libre, heureux et ſoumis; qui rendit l'état civil aux proteſtants; qui donna à l'agriculture des terreins noyés ſous les eaux, qui protégea, et vivifia les Campagnes, qui créa des ports dans la manche, dans la mediterranée; qui ſupprima les Corvées; qui fit conſtruire des Chemins qui atteſtent ſes ſoins pour votre gloire et votre proſpérité.

Ils l'ont aſſaſſiné ce Roi qui rétablit votre marine anéantie par deux guerres conſécutives et deſaſtreuſes, qui mit en Mer 80 vaiſſeaux de ligne pour protéger votre Commerce et faire reſpecter votre pavillon, ce pavillon que vous avez ſali par les Couleurs de la rébellion: —— Ils l'ont aſſaſſiné, ce roi qui ſupprima les lettres de Cachet; qui rendit les priſons ſalubres; qui abolit la queſtion; qui fit adoucir les formes de la jurisprudence criminelle, même pour les derniers de ſes Sujets, et envers qui les derniers de ſes Sujets ont violé les loix divines et humaines; Ce Roi qui ne voulut jamais qu'il fut répandu une goute de ſang pour ſa conſervation, et que vos Tyrans ont fait périr ſur un Echaffaut; Ce roi qui fut le plus econome des Princes et qui vit perir la fortune publique; Ce Roi qui fut le plus religieux des hommes, et pendant le règne duquel la religion fut anéantie; Ce Roi enfin qui voulut donner la liberté à ſon peuple et à qui ſon peuple donna l'eſclavage et la mort.

Aviez vous donc oublié, peuple ingrat, que ce Roi vous avoit dit: „*tout ce qu'on peût attendre du plus* „*tendre intérêt au bonheur public; tout ce qu'on peut de-*

„*mander à un Souverain, le premier ami de ſes peuples,*
„*vous pouvez, vous devez l'eſpérer de mes ſentiments.* „ ;

Aviez vous donc oublié ces paroles touchantes que le meilleur des Rois avoit prononcées dans cette aſſemblée qui s'était creée elle même contre vos Mandats, pour uſurper tous les pouvoirs. il vous dit: „*j'habituerai mon fils dès ſes premiers Ans à être heureux* „*du bonheur des français et à reconnoitre toujours, mal-* „*gré le langage des flatteurs, qu'une Juſte liberté ajoute* „*un nouveau prix aux ſentiments d'amour et de fidélité,* „*dont la nation depuis tant de ſiècles donne à ſes Rois des* „*preuves ſi touchantes.* „ *Joignez vous à moi* ajouta t'il en s'adreſſant à vos repreſentants uſurpateurs et perfides, *pour eclairer ſur ſes véritables intérêts le peuple qu'on egare, ce bon peuple qui m'eſt ſi cher et dont on m'aſſure que je ſuis aimé quand on veut me conſoler de mes peines.* une de ſes plus grandes ſans doute etoit les Calomnies atroces qu'on lancoit contre lui, mais elles n'atteignaient ſon ame qu'autant que vous pouviez y croire: à cette ſeule idée ſes yeux ſe rempliſſaient de larmes, *C'eſt là,* diſoit il encore le 3 Août, *C'eſt la qu'eſt la véritable playe de mon Coeur, un jour le peuple ſçaura combien ſon bonheur me fut cher, Combien il fut toujours mon unique intérêt, et mon premier beſoin: he! que de chagrins ne ſeraient effacés par la plus légère marque de ſon retour.*

Ce jour que ton Roi deſiroit tant, peuple ingrat . . ce retour qu'il attendait de toi . . . ce beau jour qu'il eſperoit . . . Ciel! . . . c'était le 21 Janvier . . . mais ne rouvrons pas une playe qui ſaigne encore, effaçons s'il ſe peut des annales du monde ce jour de Conſternation, de deſeſpoir et d'horreur qui fut un deuil général pour la terre entiere; qui te couvrit d'ignominie et et qui fera ta honte eternelle ſi tu ne deſavoues; non le Jugement (ton Roy fut condamné à la minorité de neuf voix) mais l'aſſaſſinat atroce commis par tes repreſentans. Satisfais les mânes plaintives du plus debonnaire des Rois, de ce Roi qui ne regretta la vie que pour toi, et qui jusques ſur l'Echaffaut ne connut que la douleur de te laiſſer tes erreurs et tes Crimes, et de ne point emporter ton amour au tombeau; ſache, apprends enfin combien tu lui fus cher; rappelle toi ſes dernieres paroles *Je meurs*, te dit il, *bien innocent de tous les prétendus Crimes que l'on m'impute, je pardonne mes malheurs à ceux qui en ſont la Cauſe, je deſire que mon ſang puiſſe etre utile au bonheur de la France.... et vous peuple infortuné !* . . . . le Barbare Santerre ne lui permit pas d'achever, ſon ſang coula ſans fruit pour toi et ſa mort ne fut que le commencement de tes barbaries.

Mais tu n'es pas le plus coupable. tu n'as été que l'inſtrument aveugle des paſſions feroces de tes repreſentants. les fléaux qui t'accablent ſont leur ouvrage, les flots de ſang qui ont été repandus n'ont coulé que pour ſatisfaire leur rage, leur ambition, leur Cupidité, et ils ſont ſeuls les vrais brigands qui ont devaſté la France.

A l'inſtant même ou ils enſeveliſſoient la Conſtitution ſous les debris du trône, ils oſaient te parler de leur inebranlable fidelité pour elle; ils oſaient te dire que c'était pour t'arreter ſur les bords de l'abime Vers lequel ils precipitaient ta Chûte, qu'ils t'invitaient à cette Convention, dont en aucun lieu de l'Empire tu n'avais manifeſté ni le voeu ni la volonté, et dont à ton inſû ils te preſcrivaient le mode, et l'Epoque. ils ont annullé, ou interpreté à leur gré toutes les diſtinctions, et toutes les limites, toutes les conditions, et toutes

 les

les formes que les loix antérieures avoient consacrées; ils t'ont trompé pour les nouveaux Choix que tu devais faire, et les nouvelles regles que tu devais suivre, ils ont, par le plus coupable des attentats, confondu tous les pouvoirs; ils les ont réunis dans leurs mains sans balance, et sans frein. maitres de la force publique de l'état et de la Force particuliere du gouvernement, Jamais tes représentans, et toujours tes tyrans, ils t'ont trompé par le langage le plus Fourbe de l'artifice, et de l'audace, de la dérision insultante, et de l'humilité hipocrite. ils ne t'ont entretenu sans cesse de ta Souveraineté que pour te subjuguer; ils ne t'ont parlé de leur dévouement à tes intérêts que pour te cacher leur bassesse, leur avidité, leur ambition, et les manoeuvres de leur Charlatanisme; ils t'ont donné leurs passions, et leurs Vices pour t'aveugler sur leur Corruption; et tu n'as pas vu que leur recours insidieux à ta volonté suprême, n'était qu'un nouveau Calcul de leur orgueil pour prolonger leurs pouvoirs, et en usurper de plus grands.

tu le vois àpresent, ils t'ont enlevé la délégation des pouvoirs; leurs volontés et leurs Caprices sont la loi suprême; L'Egalité, cette Chimère dont ils t'ont leurré si longtems, n'existe plus, et cette fausse et éxecrable liberté au Nom de laquelle tu as commis tant de Crimes, pour laquelle tu as sacrifié tes biens et ton sang est disparue au moment même ou ils ont cru n'avoir plus besoin de tes poignards pour égorger tes Concitoyens. quel est le résultat de tes effroyables sacrifices? tu as mis le sceptre dans les mains de Sept Cens cinquante Tyrans.

ouvre donc les yeux, peuple aussi aveugle qu'infortuné; demande aux imposteurs qui te représentent ce qu'ils ont fait pour toi? ils t'ont donné la guerre et la la famine, ils ont fait périr un million des tiens; l'Echaffaut eſt couvert de ton ſang; il eſt teint de celui de ton Roi et de ta Reine qui ont ſouffert des atrocités inouïes jusqu'à eux et inconnues des peuples les plus barbares; il eſt teint du ſang de la plus reſpectable des créatures humaines, de Mde Elizabeth L'ange Conſolateur de la malheureuſe famille des Bourbons, et l'amour du Ciel et de la terre. ce n'était pas aſſez ils ont fait perir . . . (Ciel! les Cheveaux ſe dreſſent ſur la tête . .) Ce jeune rejetton du ſang d'Henry IV. qui s'echappa de ſa Priſon pour aller te demander la grace de ſon Pere, et dont les pleurs et la beauté attendrirent vainement les ſattelites du Crime; il avoit, ainſi que ſon Père confiance en toi, ce ſenſible et trop malheureux Enfant; il était bon, il etait aimant, il avait une amie chérie dans une jeune perſonne bien loin de ſon rang, avec laquelle il avait coutume de partager les jeux ou plûtot les pleurs de ſon Enfance; *tenez*, lui dit il, le 10 Août *tenez Joſephine prenez cette boucle de mes cheveux et promettez moi de les porter tant que je ſerai en danger*. Malheureux Enfant? tant de ſenſibilité, tant de popularité n'ont pu te mettre à l'abri de la férocité des tyrans de la France . . . mais tirons un voile ſur ces horreurs, oublions les flots de ſang qu'ils ont fait répandre et jettons les yeux ſur des maux qui te ſont plus perſonnels.

tes repreſentans ont fait disparoitre L'or, L'argent, et tous les métaux; ils conſomment une honteuſe banqueroute et achévent ta ruine par celle des Aſſignats. ils ont perdu tes Colonies, ils ont frappé de mort ton Crédit, ton induſtrie, ton Commerce, et ton agriculture; et par leurs attentats contre la propriété, par le banniſſement, la ſpoliation, le maſſacre des propriétaires et des Conſommateurs, et la violation de tous les rapports de la focieté; ils ont tari les fources de tes richeffes, et de ton bonheur; ils ont appauvri, exilé tes arts; dépeuplé tes Campagnes pour former des armées criminelles; transporté au delà de tes frontières, et dans les Camps ennemis cet or qui te coute fi cher: lequel des tiens a un ecu? lequel ne pleure un fils, ou un père tué dans une bataille, ou fur un echaffaut, dans une emeute, ou dans un Cachot? ils t'ont laiffé fans ordre public, fans police, fans Gouvernement, fans Dieu. ils fe font emparés de tes derniers débris, de la treforerie nationale, de toutes les caiffes et des deniers publics; de ceux qu'ils fabriquent et de ceux que tu payes; ils regiffent tout, et toujours en ton nom: c'eft par eux, et en ton nom que fe vend la juftice, que fe commettent les meurtres, que fe pourfuit le cours de l'adminiftration, que les armées recoivent des ordres, et que fe rendent les decrets qui font autant de fleaux qui te plougent dans la plus affreufe mifere et dans le defefpoir le plus humiliant . . . . Courbe encore ta tête, peuple patient et dupe; voila tes Repréfentans!

FRANCAIS! le Succeffeur legitime au trône de Louis XVI. vient réparer tous vos maux, et vous affranchir d'un gouvernement monftrueux qui ne peut que mettre le comble à votre mifere et à votre defefpoir. unifiez vos efforts aux fiens. Ce n'eft pas pour regner qu'il vient fe jetter dans vos bras: quel attrait peut avoir un Empire ruiné, dévafté, dépeuplé? C'eft pour faire ceffer le règne des fangfues qui vous devorent; c'eft pour vous rendre la paix, le bonheur, le repos, et guerir par une économie bien entendue et des foins infatigables les playes et les maux fous lesquels vous fuccombez; C'eft pour retablir dans la fplendeur et dans l'abondance l'heureufe contrée que vous habitez. Seriés vous effrayés de revoir votre Roi? il ne vient que pour vous pardonner. Seriés vous encore imbus du

fyfteme

ſyſtème monſtrueux et chimerique de l'etabliſſement de votre fatale Republique ? l'Etat a fleuri 14 cent ans ſous le gouvernement monarchique, et il a peri en deux ans ſous la forme republicaine. C'eſt ſous la Monarchie que vos ancêtres ont fait la loi à l'Europe, porté les arts et leur induſtrie dans les contrées les plus eloignées, et que toutes les nations vous ont porté le tribut dû à votre grandeur et à votre abondance. Vous ne pouvez être heureux que ſous le gouvernement d'un ſeul homme, qui, en ſe faiſant reſpecter au dedans et au dehors, ſoit le père de ſes ſujets, l'ami des honnêtes gens, et le fleau des Brigands: vous ne pouvez enfin exiſter que ſous votre Roi legitime. Envain vos Tyrans vous ont appris à le mepriſer, à l'inſulter; envain ils vous ont dit qu'il était votre ouvrage; il eſt celui de la nature, et de la raiſon; il eſt pour une grande nation un bienfait de la Divinité. rejettés donc le dogme fatal et abſurde des monſtres regicides qui vous ont rendu indignes d'etre comptés au nombre des français; ſachez que l'homme ne peut rien créer, et qu'il n'a reçu pour ſon malheur que le pouvoir de detruire: en peu d'heures il peut abattre le chêne antique; mais, s'il eſt une fois privé de ſon ombrage, il faut à la nature un ſiècle entier pour le lui rendre. qu'avez vous fait, malheureux? en permettant l'aſſaſſinat de votre Roi? vous avés rompu le charme divin, le pouvoir miſterieux du gouvernement, toutes les forces phiſiques ſe heurtent à preſent à la fois, et vous ne préſentés plus à l'univers effrayé que le ſpectacle des vices Gangreneux d'un vieux peuple reunis à la feroce energie des ſauvages.

Ecoute encore un inſtant, peuple malheureux, égaré trop longtems. Nous t'avons fait voir la ſource de tous tes maux dans la mort de ton Roi, et dans le

gou-

gouvernement barbare de tes legislateurs; permets nous apreſent de te rappeler les crimes qu'ils tont fait commettre, pour t'apprendre à en rougir et à les réparer.

Tu avais des temples ou tu venais adorer le Dieu qui t'avait toujours protégé, et ils les ont renverſés! ils t'ont rendu athée et antropophage, et au moment même ou ils avaient l'inſolence de t'appeler le premier peuple de l'univers, ils t'ont précipité au niveau des brutes. Ennemis mortels du culte de tes pères, ces hommes qui ſont devenus tes maitres et tes oracles, t'ont appris à le fouler aux pieds avec une féroce brutalité. Ton impiété n'a point été, comme chez les autres nations, iſolée et timide ; c'etait un complot univerſel, une conjuration populaire contre l'Etre ſuprême; tu t'es élancé en maſſe contre l'enſemble des vérités religieuſes, et nul crime ne t'a arreté pour aſſouvir ta fureur inouie contre tout ce qu'il y a de plus ſacré. Tes législateurs t'ont dit que tu avais le droit de dépouiller tes autels et tes prêtres d'une proprieté conſacrée par les titres les plus ſolemnels, et par le conſentement des ſiècles, et tu les a volés et dépouillés? tu as refuſé à tes prêtres la ſubſiſtance phiſique, en leur propoſant de l'acheter par le crime et l'infamie, et la faim devenant un inſtrument trop lent pour aſſouvir ta rage, d'une main ferme tu as ſaiſi les vaſes des autels et de l'autre tu les as inondés du ſang de ſes miniſtres.

Tu avais des loix qui aſſuraient ton bonheur, et ils ont gravé ſur leurs ruines, en caracteres de ſang, les inſtituts les plus barbares de toutes les paſſions et de tous les crimes. nous avons vu cet ouvrage vanté comme le produit ſublime du genie et de la ſageſſe; cette conſtitution, aſſemblage monſtrueux du délire et du du crime, crouler fur fes fondemens; Deja ce fecond phantôme républicain, élevé fur les ruines du premier, ce coloffe epouvantable, qui ne s'eft nourri que du fang des victimes de toute efpece, eft renverfé et foulé aux pieds; deja une partie de fes fuperbes architectes a péri par la main de ces affaffins féroces qu'ils avaient armés pour le foutien de leur édifice. la troifieme conftitution qu'ils vous préparent n'eft que le complèment de leur extravagance, une planche pourrie à la faveur de laquelle ils efpérent fe fauver du naufrage qu'ils ne peuvent eviter; et il ne reftera bientôt plus de ces perturbateurs du repos de l'univers que les veftiges fanglans de leurs paffage et le fouvenir horrible de leur exiftence,

tu avais des principes refpectables, des fentiments d'honneur et de fidélité, des coutûmes, des moeurs, quelques vertus! . . . — tu paffais pour la nation la plus aimante et la plus fenfible, et tes legislateurs regicides ont fait de toi un peuple de cannibales . . . . ne te Lafferas tu jamais d'être complice et victime de leurs défaftreux projets? n'y a-t-il point encore affez de ruines, affés de profcriptions, affés de fupplices? — les cris du défefpoir font ils devenus pour ton oreille barbare, une harmonie flateufe, dont elle ne fcait plus fe paffer?

O! peuple infortuné! Scais tu ce que c'eft que cette Liberté, et cette régénération dont on te Leurre depuis fix ans? c'eft le châtiment d'un Siecle de crimes et de folies; c'eft un jugement de la providence qui fait trembler l'univers; ces monftres à qui tu as confié tes deftinées, femblables à ces reptiles impurs dont toute la force eft dans le venin, ne poffedent que l'art de faire le mal, et de déployer dans ce genre des talents infernaux; ils fe font emparés de ta fougue naturelle, et

l'ont

l'ont tournée toute entière vers le crime. depuis ſix ans bientôt tu te dis Libre, et déja la renommêe a publié cent mille meurtres. jamais les Satellites de Néron n'ont commandé rien de ſi terrible que les ſpectacles hideux dont tu as effrayé le monde; tu as maſſacré les enfans ſur le Sein de leurs mères. tu as porté à l'épouſe enceinte la tête de ſon époux innocent; le ſang humain a Souillé ta bouche, tu as ſemblé t'amuſer avec des meurtres, tu as réaliſé des horreurs, qui, autrefois auraient été pour toi inſupportables ſur la ſcène; et les victimes ont plûtot manqué aux bourreaux, que les bourreaux n'ont manqué aux victimes.

Voilà malheureux peuple les dons de tes législateurs; voilà les fruits des droits de l'homme, de la liberté et de l'égalité, qui t'ont rendu odieux à toi même, et en exécration à l'univers.

FRANCAIS! vous pouvés encore redevenir ce que vous etiés et faire oublier vos erreurs et vos crimes; mais vous n'avés qu'un jour, qu'un moment pour le rétabliſſement de votre gloire; Le repentir peut ſeul l'opérer; cet inſtant paſſé, votre honte ſera eternelle. venez avec confiance vous jetter aux genoux de votre roi; rentrez dans le Sein de votre égliſe, ſoiés fidèles à Dieu, au Roi, à la Loi, et reprenés vos principes chèris qui ont fait la gloire de vos ancêtres, et le bonheur de l'etat; Soyés Français en un mot; rallumés dans vos cocurs cet amour pour vos rois, ſous l'égide desquels vous n'avés jamais connu de vrais malheurs; vous avés ſouffert peut-être de quelques abus; mais le roi les connait et ils ne feront plus. réveillez vous du ſommeil de la mort, courez à vos vrais compatriotes, ceſſés d'etre les alliés de vos bourreaux, les ſatellites de vos cruels ennemis; venez, ne combattés plus contre

contre vos freres, contre les vrais Français; ils ne vous craignent pas; mais ils vous aiment; il faut que vous les embrassiés, ou que vous les égorgiés; quelle affreuse alternative! pourriés vous balançer . . . . . non . . . non, vous n'hésiterés pas, vous les recevrés comme des compatriotes, comme des amis qui vous apportent la paix, la tranquilité et le bonheur; accourés tous Français de touttes les provinces, nous ne sommes qu'un peuple, qu'une nation, et nos malheurs nous auront appris à nous aimer d'avantage. vénés, volés, confondons nos embrassements, et que notre cri d'allegresse et notre mot de ralliement soient à jamais:

VIVE LE ROI,

VIVENT LES VRAIS FRANCAIS.

www.ingramcontent.com/pod-product-compliance
Ingram Content Group UK Ltd.
Pitfield, Milton Keynes, MK11 3LW, UK
UKHW020410250726
13967UKWH00006B/2567

9 782011 941619